越玩越聪明的脑筋急转弯

梅越平 主编

知识出版社
Knowledge Publishing House

U0724003

图书在版编目（CIP）数据

越玩越聪明的脑筋急转弯 / 梅越平主编. -- 北京：
知识出版社，2019.11
（潜能开发青少年思维能力训练丛书）
ISBN 978-7-5215-0091-2

Ⅰ．①越… Ⅱ．①梅… Ⅲ．①智力游戏—青少年读物
Ⅳ．①G898.2

中国版本图书馆CIP数据核字(2019)第250462号

越玩越聪明的脑筋急转弯 梅越平 主编

出 版 人	姜钦云
责任编辑	郭文婷
策划编辑	田荣尚
特约编辑	宁莲佳
装帧设计	张雅蓉
出版发行	知识出版社
地 址	北京市西城区阜成门北大街17号
邮 编	100037
电 话	010-88390659
印 刷	南昌市红星印刷有限公司
开 本	710mm×1000mm 1/16
印 张	10
字 数	160千字
版 次	2019年11月第1版
印 次	2019年11月第1次印刷
书 号	ISBN 978-7-5215-0091-2
定 价	36.00元

前　言

　　大脑是人体最复杂的器官，它不仅主导着人的思想，还控制着人的感觉、情绪和反应，主宰着人一生的发展。让大脑蕴藏的潜能得到充分的开发，是一个人走向成功的关键。

　　如同人的躯体一样，大脑也可以通过训练来获得更好的发展，变得更聪明、更具有创造性。而 6 ~ 15 岁就是开发大脑潜能的黄金时期，是青少年养成爱思考、会思考好习惯的关键阶段。为了让孩子们爱思考、会思考、勤思考，并将这种好习惯带到学习中去，根据青少年这一阶段身心发育的特点，我们特别打造了这套"潜能开发·青少年思维能力训练"丛书，针对孩子不同的思维能力和思维方式，进行定点、定项、定目标的系统训练。

　　"潜能开发·青少年思维能力训练"丛书共 10 本，包括《越玩越聪明的谜语游戏》《越玩越聪明的思维游戏》《越玩越聪明的数学游戏》《越玩越聪明的脑筋急转弯》《越玩越聪明的趣味实验》《越玩越聪明的火柴棍游戏》《越玩越聪明的成语游戏》《越玩越聪明的填字游戏》《越玩越聪明的左脑游戏》和《越玩越聪明的右脑游戏》，主题多样，题型丰富，是一套科学、系统、有趣的思维训练工具书。

　　"潜能开发·青少年思维能力训练"丛书不仅可以全方位地培养孩子的思维能力，还可以根据孩子自身的思维特点，有重点地进行思维训练，取长补短，培养良好的思维习惯。本丛书图文结合，寓教于乐，既增强了趣味性，又扩大了孩子的知识面，让他们在玩乐中调动学习兴趣，循序渐进地培养良好的思维习惯，成为真正的思维高手！

编　者

2019 年 10 月

目录

第一章

趣味大联盟

1

怎样才能保证不打瞌睡?

2

小美为什么一天到晚都在吐舌头?

3

什么动物天天熬夜?

4

把冰变成水的最快方法是什么?

5

你能说出 18 世纪的伟大科学家们的一个共同点吗?

6

有一个人到外国去了,为什么他周围都是中国人呢?

7

你妈妈的哥哥的表妹的表叔同你是什么关系?

8

人的耳朵除了戴耳环和戴耳机以外,还能戴什么?

9

到了空气非常稀薄的山顶之后，不能做什么事？

10

什么时候人只能用右眼看东西？

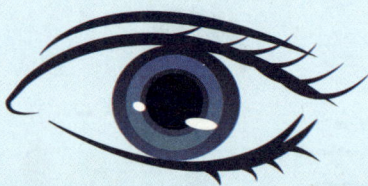

11

请问世界上最大的海是什么海？

12

为什么候鸟冬天要飞到南方去？

13

今天，同一个问题小明问了小刚 5 次，小刚回答了 5 个不同的答案，而且每个答案都是对的。小明问的是什么问题？

14

国有国法，家有家规，动物园里有什么规？

动物园

15

有一种动物，大小像只猫，长得又像老虎，请问这是什么动物？

16

我国的羊毛主要出产于什么地方？

17

漆黑的夜晚，小明遇到了鬼，可是，为什么鬼被吓跑了？

18

如果你有一双翅膀，你会做什么？

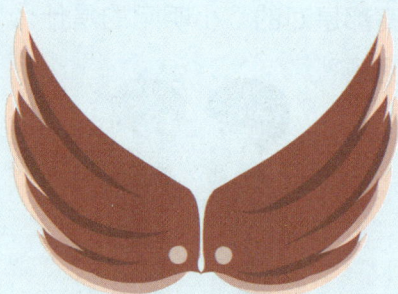

19

人们会在不知不觉的时候画个箭头，请问那是在什么时候？

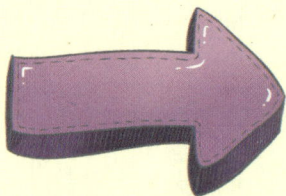

20

牛小的时候叫作"犊"，那兔子小的时候叫什么？

21

梁山伯和祝英台变成蝴蝶之后怎么样了?

22

小偷经常会去什么样的房子里面?

23

孔子和孟子有什么不同?

24

小兰一边走一边注视着自己前方的路,但还是被一块石头给绊倒了,为什么?

25

杂技演员走什么线比走钢丝线安全？

26

怎样才能有心跳的感觉？

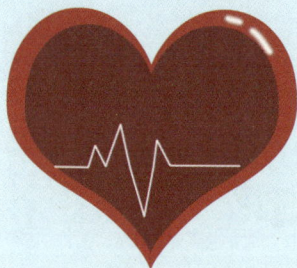

27

一个美女为了保持身材，结婚后坚决不生孩子，我们该怎么称呼她？

28

你知道大炮为什么打不到星星吗？

29

怎样以最快的方法避免口臭呢？

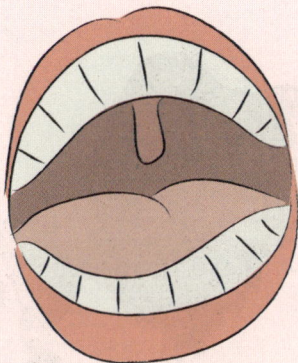

30

偷什么是不犯错的呢？

31

借什么不用还？

32

什么东西胸上有，背上有，脸上有，肚子上也有，头上却一点也没有？

33

胖子生病了，他最怕别人探病时说什么？

34

一头牛的舌头和尾巴什么时候可以碰在一起？

35

打狗要看主人，那么打老虎要看什么？

36

每一对夫妻在生活中都有一个绝对的共同点，你知道是什么吗？

37

人敲凳子会发出咚咚的声音，请问拿凳子敲人会发出什么声音？

38

什么东西越长越细越难过，越短越粗越好过？

_____

39

假如白雪公主和包公结婚了，他们生下的女儿应该叫什么名字？

40

地上掉了两张钞票，一张50元，一张100元，你看见了会捡哪张？

41

要让梦想变成现实，我们要做的第一件事是什么？

42

什么叫"缓兵之计"？

缓兵之计

43

谁最擅长咬文嚼字？

44

苹果和西瓜打在头上，哪一个比较疼？

45

历史上哪个人跑得最快?

46

蚊子咬在什么地方你不会觉得痒?

47

一块黑色的石头和一块白色的石头同时被放进水里,会发生什么变化?

48

铁放到外面会生锈,那金子呢?

49

布和纸怕什么？

50

小明的家里又脏又乱，他怎样才能在最短的时间内把房间弄干净？

51

人们最怕自己的屁股上有什么东西？

52

什么植物和动物长得最像鸡？

53

蚂蚁、蜈蚣和蜘蛛一起打工，谁最后没有领到酬劳？

54

停电了，桌上有蜡烛和煤油灯，你应该先点燃什么？

55

一只老鼠从一堆屎上走过，却只留下了三个脚印，这是为什么？

56

谁唱歌时，听众大多只鼓一次掌？

57

老李不小心吞下了一枚金币，为什么10年后才去医院做手术取出来？

58

一毛钱可以买几头牛？

59

伤了哪里医院治不了？

60

什么蛋既能走又能跳，还能说话？

61

什么时候有人敲门，你却不能说"请进"？

62

小强为什么拒绝用"一边……一边……"造句？

63

第一个登上月球的中国姑娘是谁？

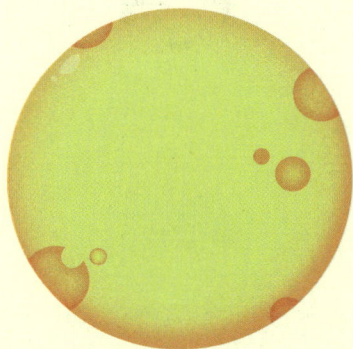

64

从1到9这9个数字，哪个数字最勤快，哪个数字最懒？

1　2　3

4　5　6

7　8　9

65

针掉进海里了怎么办？

66

老王头上只有 3 根头发。一天，他要去参加一个重要的宴会，为什么他要忍痛拔掉其中一根呢？

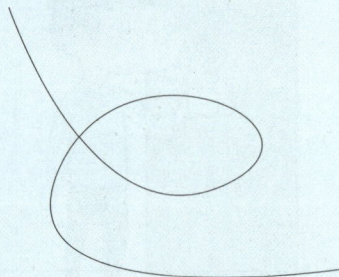

67

动物园里的大象死了，管理员为什么哭得特别伤心？

68

人体最大的器官是什么？

69

太阳爸爸和太阳妈妈生了个太阳儿子，我们应该对他们说什么贺词呢？

70

母鸡的腿为什么那么短？

71

通常情况下，公交车上什么职业的人最少？

72

小花昨晚花了整整一个晚上的时间在英语课本上，可为什么第二天爸爸还是骂她不用功呢？

73

天上有 10 个太阳，后羿为什么只射掉了 9 个呢？

74

太平洋的中间是什么？

75

壮壮为什么能跳得比树高？

76

桌子上有 10 支点燃的蜡烛，先被风吹灭了 2 支，过了一会儿，又被吹灭了 2 支，请问最后还剩几支？

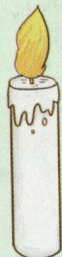

77

要多长时间才能读完清华大学？

78

一个洞里有 6 只老鼠，猫进洞吃掉 1 只后还剩几只？

79

做游戏时，你是司令，手下有 3 个军长、4 个团长、11 个排长和 30 个士兵，请问他们的司令今年多大了？

80

做什么事情时必须以身作则？

81

怎样开车才不会撞坏车头?

82

一个人从一列特快列车上跳下来,为什么没有受伤?

83

中国人最早姓什么?

赵钱孙李,
周吴郑王。
冯陈褚卫,
蒋沈韩杨。

84

谁知道天上总共有多少颗星星?

85

谁总是脱掉干衣服换上湿衣服?

86

4 个 9 加起来为什么等于 100?

9999

87

一位作曲家只花 3 秒钟就写了一首歌,为什么?

88

小明看书的时候,为什么不能把书签放在 175 页和 176 页之间?

89

中国哪个地方的东西最不便宜?

90

一个职业登山运动员登不上什么山?

91

一家洗衣店的招牌上写着"24小时交货",今天小高拿衣服去洗,为何老板说要3天后才能拿到?

24小时交货

92

最不能在光天化日下见人的东西是什么?

93

小明今年 12 岁，为什么只过了 3 次生日？

94

一人一点是什么字？

人．

95

8 个人吃 8 份快餐需要 10 分钟，16 个人吃 16 份快餐需要几分钟？

96

为什么一群狼中有一只羊？

97

最坚固的锁怕什么？

98

什么样的房子不能住人？

99

装模作样的人侥幸成功的途径是什么？

100

什么东西越热越爱出来？

第二章

知识的海洋

1

世界上谁的肚子最大？

2

把一只鹅和一只鸡一起放进冰箱里，过了两个小时，为什么鸡死了，鹅却没有死？

3

一只瞎了眼的山羊，在它左边放一块猪肉，右边放一块牛肉，请问它会先吃哪一块？

4

哪个历史人物游泳必定会沉到水里去？

5

什么东西天气越热爬得越高?

6

什么东西倒立后会增加这个东西的一半?

7

什么东西买的人知道,卖的人也知道,只有用的人不知道?

8

什么东西越洗越脏?

9

做什么事情需要两个人各伸出一只手才能完成?

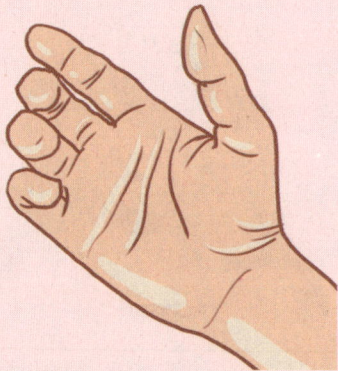

10

什么枪能打跑人却打不伤人?

11

北极熊吃肉，但是它为什么不吃企鹅?

12

狗最爱看什么?

13

一般情况下，哪颗牙齿最后出现在嘴里？

14

你一开口就会打破的是什么？

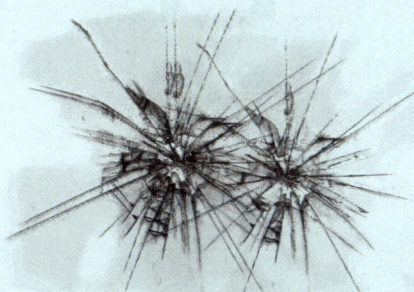

15

如果不借助任何工具，一条毛毛虫怎样才能渡过一条河？

16

有样东西是个宝，人人都需要，垃圾桶里也能找到，到底是什么？

17

两头牛一共只有三只角，这是为什么？

18

什么酒不能喝？

19

桥下过往的船只限高 10 米，但是老李船上的货物高度达到了 10.5 米，他该怎么办？

20

小明去学校参加运动会，到了操场却连半个人都看不见，这是为什么？

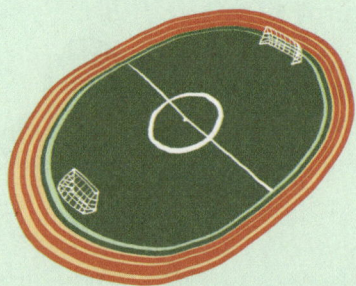

21

IX 在罗马数字中代表 9，怎样加一笔使它变成偶数呢？

IX

22

老张有很严重的胃病，可他每周有五天都往牙科跑，这是为什么？

23

猩猩最讨厌什么线？

24

大海的主人是谁？

25

什么时候是先穿鞋再穿袜子?

26

你是用左手写字,还是用右手写字?

27

一个球被小明踢进了装满鸡蛋的篮子里,鸡蛋却一个也没破,这是为什么?

28

在什么比赛中人是往后行动的?

29

你妈妈小时候有没有拿鸡毛掸子打过你？

30

什么杯虽然不能装水，但是很多人都想得到它？

31

什么盘总是要两个人一起用？

32

打破什么东西不会受到处分，反而会受到奖励？

33

世界上哪座城市的交通是最发达的?

34

小强站在桥上,可为什么桥下没有水,也没有船?

35

人们常说"当局者迷,旁观者清",请问什么事情刚好相反?

36

拿什么东西不用手?

37

什么东西洗好了还是不能吃?

38

每个人在睡觉前都不会忘记的事情是什么?

39

什么光会使人感到很痛苦?

40

围棋和象棋有什么区别?

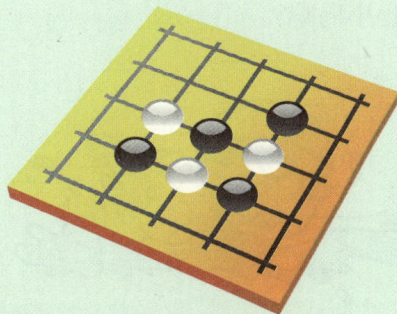

41

什么东西放在水中不会沉下去，放在火中不会燃烧？

42

灯是由哪两个部分组成的？

43

假如你不会游泳，不借助任何工具，你能从岸边到达湖心小岛吗？

44

你能把4个橘子装进3个袋子里，并且使每个袋子里装的橘子个数都是偶数吗？

45

有个人一年才上一天班，而且不怕被解雇，他是谁？

46

A 和 C 哪一个比较高？

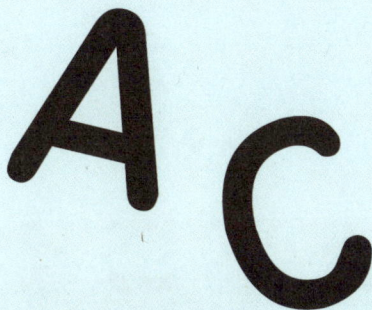

A C

47

什么报只印一份？

48

警察有一个弟弟，为什么这个弟弟否认有个哥哥？

49

一个黑人和一个白人生下的婴儿，牙齿是什么颜色？

50

报纸上登的信息不一定百分之百是真的，但是什么信息绝对假不了？

51

在"不，仁，王，○，吾"的"○"位置上应当填入"东、南、西、北"中的哪个字？

52

什么布剪不断？

53

全世界通用的一种字是什么字？

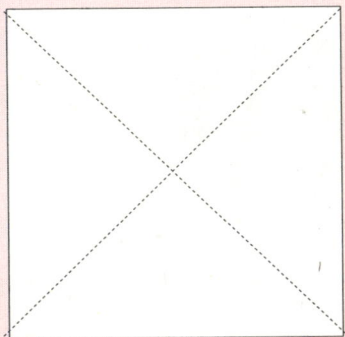

54

什么车既不能载物品，又不能载人？

55

小明被蚊子咬了一大一小两个包，请问比较大的那个包是公蚊子咬的还是母蚊子咬的？

56

什么医院从来不给人看病？

57

世界上什么东西比天还要高?

58

什么东西干净时黑, 脏时白?

59

明明一天没有吃东西, 为什么我不觉得饿呢?

60

黑鸡厉害还是白鸡厉害? 为什么?

61

什么蛋打不烂，煮不熟，更不能吃？

62

怎么用两个硬币遮住一面镜子？

63

什么事每人每天都必须认真地做？

64

为什么暑假比寒假长？

65

爸爸看到小龙的书包里塞满了钞票，为什么不管？

66

什么光完全没有亮度？

67

一个人被老虎穷追不舍，突然前面出现了一条大河，尽管他不会游泳，但他还是过去了，这是为什么？

68

什么时候马能吃掉象？

69

一只公狼狗和一只母狼狗进行 1000 米赛跑，假如两只狼狗同时跑到终点，那么哪只狼狗身上出汗多？

70

为什么美丽的公主结婚以后就不挂蚊帐了？

71

什么东西满屋走，但碰不坏物件？

72

在周长百米的水池周围栽树，每株树的间距相等，且至多为 50 米，为符合这个条件，请问最少栽多少棵树？

73

谁是兽中之王?

74

"1155665",猜 7 个字。

1155665

75

什么样的路是人不能走的?

76

在船上见得最多的是什么?

77

生产日期和有效日期是同一天的产品是什么？

78

请将"5＋5＋5＝550"加上一笔，使得等式成立。

$$5＋5＋5＝550$$

79

什么地方物品售价越高，客人越高兴？

售价：1000 元

80

一只蚂蚁只用了 1 分钟就从广州爬到了北京，你知道为什么吗？

81

猴子每分钟能掰一个玉米，在果园里，一只猴子5分钟能掰几个玉米？

82

什么人始终不敢洗澡？

83

什么东西即使用放大镜也不能放大？

84

小A是一名优秀的士兵，为什么明明看到敌人在悄悄靠近，他却睁一只眼闭一只眼？

85

地球上什么地方的出生率最高?

86

为什么梨子是温度最高的水果?

87

世界上最高的三种动物是什么?

88

一个盒子有几边?

89

增长智力最有效的办法是什么？

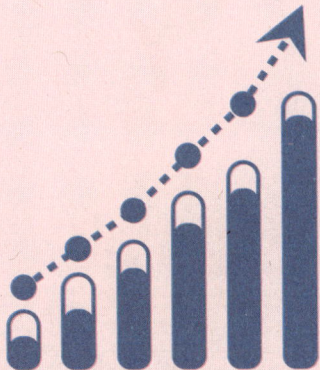

90

什么话可以世界通用？

91

什么鱼不能吃？

92

铁锤锤鸡蛋为什么锤不破？

93

什么东西 100 个男人无法同时举起，一个女人却可以单手举起？

94

1 个人有 1 个，全国 13 亿人却只有 12 个，请问这个东西是什么？

95

人即使不口渴也需要的水是什么水？

96

山珍海味贵还是稀饭贵？

97

你能在 7 和 8 之间加一个符号，使得出的数字比 7 大且比 8 小吗？

7 ◯ 8

98

什么花走着开？什么花飘着开？什么花空中开？

99

夕阳西下，断肠人在哪里？

100

什么东西咬牙切齿？

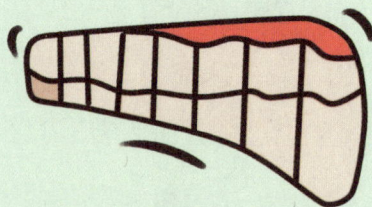

第 三 章

智力大考验

1

电和闪电之间最大的区别是什么?

2

一个人在向别人道歉之前要先做什么?

3

铅笔姓什么?

4

什么人是靠运气赚钱的?

5

小明的语文考了 100 分，小强的语文考了 96 分，可他们俩为什么都是班级第一名？

6

半夜回家发现忘记带钥匙，家里又没有其他人，这时你最大的愿望是什么？

7

一个阴森的夜晚，眼前有一个长发披肩、脸色苍白的女孩，用手去摸，却摸不着，这是为什么？

8

黑、白相间的马是斑马，那么黑、白、红相间的马是什么马？

9

什么字永远写不好?

10

做什么事需要无中生有?

11

在什么情况下，人们害怕在比赛中得第三名?

12

什么纸买不起?

13

某商场里出现抢劫犯，警察立刻封锁了所有的出口，可是为什么抢劫犯还是逃走了？

14

什么人睡着了是最难叫醒的？

15

小兰是个普通人，可是为什么她能连续9个小时不眨眼睛？

16

一对健康的夫妇生了3个孩子，为什么每个孩子都只有一只左手？

17

一人加三人不是四人，那是什么人？

18

小明路过某城市时，那里正巧发生了大地震，为什么小明安然无恙？

19

老王一个人在家里睡觉，醒来时屁股上为什么有深深的牙印？

20

考试时，小红和小芳在考场上交头接耳却没人管，这是为什么？

21

眼看越来越近，却永远也到不了的是什么？

22

小刚被关在一间没有上锁的房间里，为什么他使出浑身力气也不能把门拉开？

23

一个人空腹最多能吃几个鸡蛋呢？

24

豆豆整天说个不停，可有一个月她说话最少，那是哪个月？

25

什么人总是白日做梦?

26

如果两个是一对,三个是一伙,那么四个和五个呢?

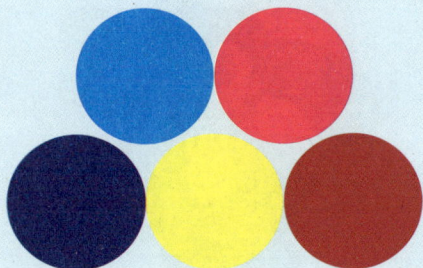

27

一颗心值多少钱?

28

一次作文考试,题目是:什么是懒惰?小强用最简短的文字完成了这篇作文,他写的是什么?

29

善良的老王去世了，天使要带他上天堂，为什么他不愿意？

30

在一次考试中，小明和小强交了一模一样的试卷，为什么老师认定他们俩都没有作弊？

31

休息是为了走更远的路，那么补考是为了什么？

32

什么帽子不能戴？

33

一头牛可以卖 8 万元，三头牛为什么可以卖 60 万元？

34

患者张大嘴巴，医生看完后说："你的牙齿被蛀了一个好大的洞。你的牙齿被蛀了一个好大的洞。"

请问医生为什么要说两遍？

35

小明是在下雨前赶回家的，可是到家时他的头发还是湿了，这是怎么回事？

36

近在眼前的东西是什么？

37

一坛酒在地底下埋了一千年，结果，它变成了什么？

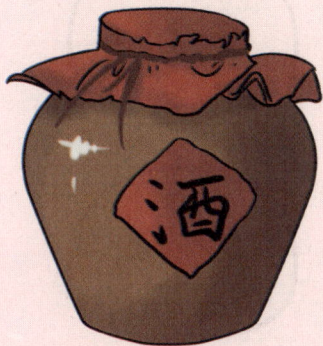

38

时钟敲了6下，该吃饭了；敲了9下，该睡觉了。时钟敲了13下，该干什么呢？

39

两个人一起掉进了陷阱，死了的那个人叫死人，活着的那个人叫什么？

40

什么东西上升的时候会下降，下降的时候又会上升？

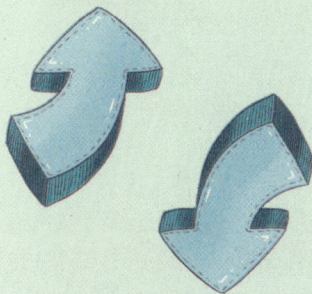

41

什么铃不会响？

42

哭和笑有什么共同之处？

43

一个人用面条上吊，结果真的死了，这是为什么？

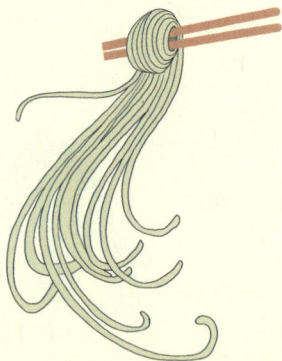

44

在什么时候，人们看到的月亮最大？

45

请问世界上谁跟你长得最像？

46

什么人整天跟坏人待在一起，他的父母也不管他？

47

张爷爷有 5 个儿子，这 5 个儿子又各有一个妹妹，请问张爷爷最少有几个子女？

48

你能做，我也能做，大家都能做；一个人能做，两个人不能一起做。这是做什么？

49

身子空空却拥有一双手的东西是什么？

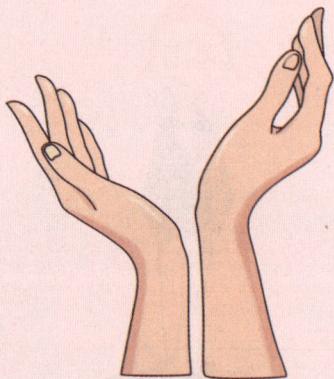

50

好与坏的中间是什么？

51

什么人最不怕冷？

52

一条小船要渡 37 人，一次只能渡 7 人，几次能渡完？

53

皮肤黑有什么好处？

54

玻璃杯不是木头做的，为什么"杯"字却是"木"字旁？

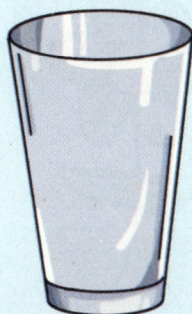

55

烟鬼甲每天抽40根烟，烟鬼乙每天抽30根烟。40年后，烟鬼乙抽的烟比烟鬼甲还多，这是为什么？

56

什么东西嘴里没有舌头？

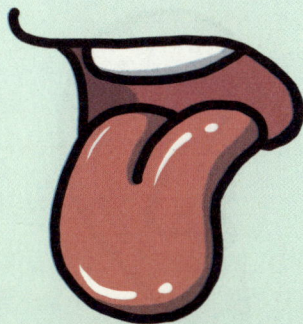

57

什么花只能远观，不能近看？

58

为什么不能在海边讲笑话？

59

什么人可以用自己的牙咬自己的耳朵？

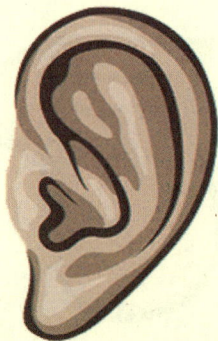

60

小强开车去动物园玩，动物园很近，他也没有走错路，为什么总是到不了呢？

61

黄河的源头在哪儿？

62

做什么事情的时候要用两只眼看一只眼？

63

说人话不办人事的是什么？

64

什么海不产鱼和虾？

65

什么动物最容易被人贴到墙上？

66

有个人在马车上套了一匹马赶路，走了一会儿嫌太慢，就又套了一匹马。可这两匹马怎么拉也拉不动马车，这是为什么？

67

进浴室洗澡时，要先脱衣服还是先脱裤子？

68

小强半夜的时候吃泡面，为什么要一边吃面一边盯着钟表看呢？

69

什么东西一干活就遍地走，不干活时就靠边站？

70

你知道江河湖海有什么不同吗？

71

张飞的母亲姓什么？

72

豆腐能打伤人吗？

73

8分成两半是多少?

8

74

什么东西只会增加，不会减少?

75

老王站在马路中间指手画脚，为什么没有警察来赶他?

76

能容纳所有景色的球是什么球?

77

什么人最喜欢弄虚作假，人们不但不指责他，还会给他鼓掌？

78

一个人无法说，两个人说刚刚好，一群人说没意思，请问这是什么话？

79

什么人会连续摇头半小时以上？

80

小陈早上开着空出租车出门，为什么一路上没有人招手打车？

81

小丽在前一天把英语背得滚瓜烂熟，为什么第二天考试还是不及格？

82

哪种动物最没有方向感？

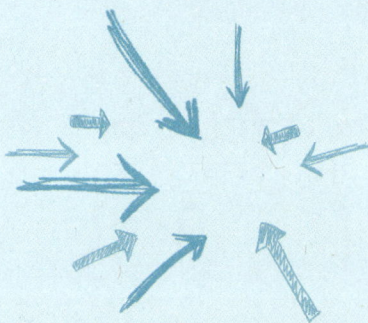

83

什么门最不像门？

84

在一场篮球赛比赛之前，你能准确地告诉我比分吗？

85

什么人比变形金刚还厉害？

86

小王跑步为什么总是保持一个姿势不变？

87

为什么刚出生的小孩只有一只左眼？

88

小红住的不是楼房，为什么每次出门还是要走楼梯？

89

什么东西有风不动无风动?

90

请问"英语"有多少个字母?

ABCDEFG HIJKLMN OPQRST UVWXYZ

91

黑猫和白猫一起出去探险。前面有一个大坑,它们准备一起跳过去,可谁在跳的时候发抖了?

92

一个卡车司机和一个骑摩托车的人相撞,卡车司机受重伤,骑摩托车的人却没事,这是为什么?

93

为什么果树长了 10 年还不结苹果?

94

红豆和绿豆放在一个盘子里，小王为什么一下就把它们分开了?

95

林黛玉和李嘉欣同时参加公司招聘面试，如果你是考官，你会录用谁?

96

什么人整天忙得团团转?

97

小红和小明争吵着，一个要煮蛋，一个要蒸蛋。请问妈妈说了句什么话，让小明说妈妈偏心？

98

什么事情，只能用一只手去做？

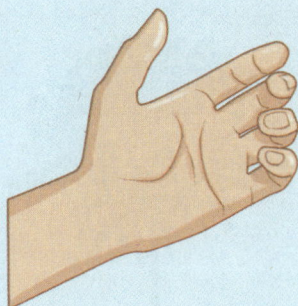

99

金先生一向心直口快，可有件事竟然让他突然变得吞吞吐吐的，请问是什么事呢？

100

人的右手永远抓不到什么？

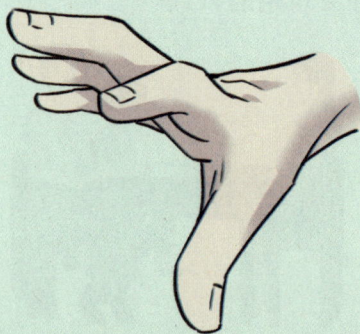

第四章

思维大跳跃

1

东东的口袋里共有 10 个硬币，漏掉了 10 个硬币，口袋里还有什么呢？

2

什么书在书店里买不到？

3

为什么小王写了一个字，人人都说他写了错字？

4

什么军最厉害？

5

两对父子去买帽子，为什么只买了三顶？

6

晚上停电时你在哪里？

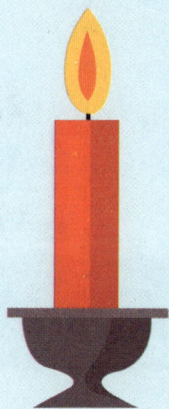

7

为什么人们都喜欢坐着看电影？

8

小强说他的眼皮非常厉害，只要眨一眨眼就能把点燃的蜡烛吹灭，请问他是个什么样的人？

9

家在北京的小强想去云南，要花多少钱？

10

一位著名的作家写的最后一本书是什么书？

11

什么数字最听话呢？

12

什么鸟最爱打扮？

13

为什么有个人经常从 10 米高的地方跳下去，而且没有任何安全防护措施?

14

一辆出租车在正常行驶，没有违规，却被一个警察拦下了，这是为什么?

15

什么猫不抓老鼠?

16

蟒蛇、水蛇、眼镜蛇，哪一个比较长?

17

盆里有 5 个苹果，5 个小朋友每人分得 1 个，为什么盆里还有 1 个？

18

哪个连的人最多？

19

一块普通的手表掉进大海里了，请问它会不会停？

20

买一双女士皮鞋要 446 元，那么买一只需要多少钱？

21

用什么可以解开所有的谜?

22

喜剧和悲剧有什么关系?

23

为什么丹顶鹤睡觉时总是缩着一条腿?

24

拿着鸡蛋扔石头,鸡蛋为什么没有破?

25

房间里有 4 个人，后来全部走了，但是房间里还有 3 个人，这是为什么？

26

什么蛋中看不中吃？

27

一位 80 多岁的老奶奶上了公共汽车，为什么没人给她让座？

28

一只公鸡在屋顶上下蛋，你猜蛋是从左边掉下来，还是从右边掉下来？

29

"先天"指的是父母遗传，那"后天"指的是什么？

30

小白加小白等于什么？

31

7个男人和1个女人会让你想到什么？

32

一架飞机的机翼突然断了，开飞机的小强没带降落伞，为什么他一点儿也不害怕？

33

什么东西成熟之后就会有胡须？

34

什么地方人想爬上去，却不想下来？

35

为什么洋洋学法语才一个星期就能和法国人交谈了？

36

什么动物你打死了它，流的却是你的血？

37

哪一种竹不长在土里？

38

你在学校学到的知识越多，什么东西就会越少？

39

什么官不仅不领工资，还要自掏腰包？

有钱了

40

在大海上漂了半年的海员，一只脚踏上陆地后，接下来要做的是什么？

41

小兰生病了，打针和吃药，哪一个比较痛苦？

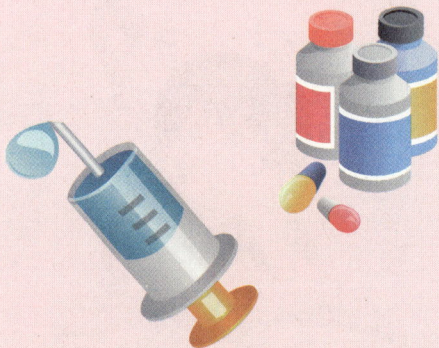

42

袋鼠和猴子比赛跳高，为什么猴子还没开始跳，袋鼠就输了？

43

理发师最不喜欢什么样的人？

44

一间屋子里到处都在漏雨，可是谁也没被淋湿，这是为什么？

45

小刚跑 100 米用 12 秒，小明跑 100 米用 14 秒，为什么得冠军的却是小明？

46

洋洋在拖地，你能告诉他用什么拖地拖得最干净吗？

47

亚当和夏娃结婚时，最大的遗憾是什么？

48

如果秦始皇现在还活着，这个世界会有什么不同？

49

飞机在天上飞，突然没油了，什么会最先掉下来？

50

考试时，飞飞明明知道答案，为什么还老看别人的试卷？

51

把火熄灭的最快方法是什么？

52

为什么没有人愿意娶小陈做妻子？

53

一个人不小心掉进了河里，为什么他的头发没有湿？

54

什么雨猛到可以淋死人？

55

元帅比将军高了一个等级，那什么时候元帅和将军同级？

56

有一条鲨鱼吃下了一颗绿豆，结果它变成了什么？

57

有个地方发生了火灾，虽然有很多人救火，但为什么就是没人报火警？

58

为什么拿破仑的字典里没有一个"难"字？

59

小强的后脑勺不小心碰了一个大包，那他今天晚上该怎么睡觉呢？

60

司机发动了汽车，车轮也动了，可是汽车为什么没有前进呢？

61

除了电池以外，什么电不用电线也能来到你家？

62

一斤棉花和一斤铁块，哪个更重？

63

什么样的山和海是可以移动的？

64

小 B 是个好警察，但是有一次他竟然抢了别人的东西，这是怎么回事？

65

从前有只鸡，鸡的左面有只猫，右面有条狗，前面有只兔子，鸡的后面是什么？

66

为什么太阳每天都比人起得早？

67

什么鸡没有翅膀？

68

月亮什么时候不发光？

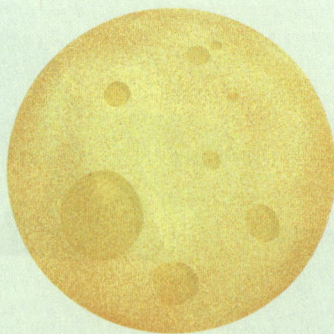

69

为什么两只老虎打架，非要打个你死我活呢？

70

什么样的老鼠跑得最快？

71

积木倒了需要重新搭，那房子倒了要怎么办？

72

大热天，小明开了空调，关上了门窗，可为什么还是感觉很热？

73

什么东西晚上才看得到尾巴呢?

74

一只非常饿的猫看见了一只老鼠,为什么撒腿就跑?

75

人们怎样认定蘑菇是长在潮湿的地方的?

76

什么人专门靠别人的脑袋生活?

77

可乘 30 人的船，为什么才装了 10 人就沉进了水里？

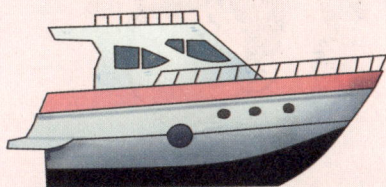

78

有什么办法可以让眉毛长在眼睛的下面？

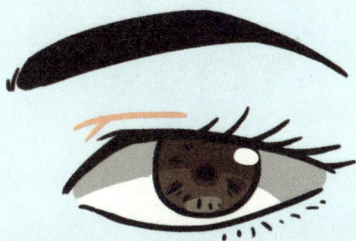

79

什么人不用电？

80

动物园里，大象的鼻子最长，鼻子第二长的是谁呢？

81

什么老鼠用两条腿走路？

82

什么东西见者有份？

83

两个长得一模一样的人，为什么不是双胞胎？

84

早晨醒来，人们做的第一件事情是什么？

85

失败是成功之母，那么成功是失败的什么？

86

小兰洗了半天衣服，为什么她的衣服还是很脏？

87

最简单的长寿秘诀是什么？

88

鸡的妈妈是谁？

89

有一只狼来到北极，不小心掉进了冰水里，被捞起来时变成了什么？

90

世界上除了火车以外，什么车最长？

91

小强在和别人打架，为什么没有一个围观者劝架？

92

什么东西可以用近30千米/秒的速度载着人类飞奔，且中途不必停下来加油或补充其他燃料？

93

早上，玲玲到刘大妈那儿买茶叶蛋，她手上的钱正好够买两个，刘大妈却不肯卖给她，这是怎么回事？

94

有一棵三角形的树被送到北极去种，请问长大后那棵树叫什么？

95

什么食品东、南、西、北都出产？

96

新买的袜子怎么会有一个洞？

97

一个女孩既没有生养孩子，也没有被认作干妈，更没有领养子女，就先当上了娘，这是为什么？

98

麒麟到了北极会变成什么？

99

透明的剑是什么剑？

100

你知道天的儿子和风的儿子分别叫什么名字吗？

第五章

脑力大挑战

1

小偷最怕碰到哪个机关？

2

阿丁做起事来总是拖泥带水，为什么从没被处罚过？

3

亮亮家的鸽子在小美家的阳台上下了一个蛋，请问蛋是谁的？

4

用哪三个字可以回答一切问题？

5

"只"字加一笔，变成什么字？

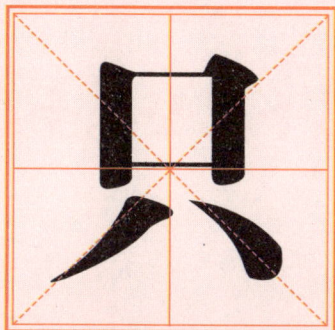

只

6

什么船从来不下水？

7

爸爸丢了一样东西，为什么妈妈还特别高兴？

8

请仔细想一想，你见到的最大的影子是什么？

9

今天天晴，为什么没有太阳？

10

4+4+4+4。（猜一种水果）

4+4+4+4

11

一块五分熟的牛排遇到了一块八分熟的牛排，为什么它们不聊天？

12

什么狗不会叫？

13

谁的脑子记住的东西最多?

14

茉莉花、太阳花、玫瑰花,哪一朵花最没力?

15

米的妈妈是谁?

16

老鹰的绝症是什么?

17

一位老大爷住在一栋18层的楼房里，但他天天都不用乘电梯，为什么？

18

白萝卜喝醉了，会变成什么？

19

什么东西能够使我们的眼睛透过一堵墙看东西？

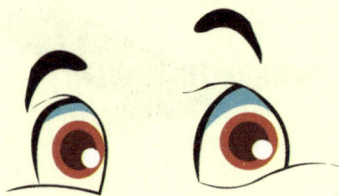

20

什么笔不能写？

21

打什么不费力?

22

什么东西越旧越值钱?

23

什么东西没脚走天下?

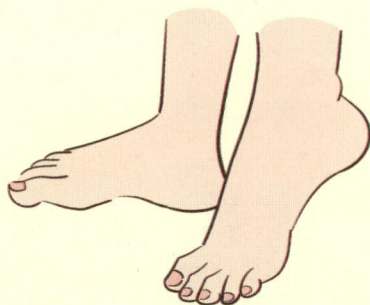

24

哪一件衣服最耐穿?

25

世界上什么东西是没有价格的?

买一送一

￥99.9

26

小王虽然每天都很早回家,可他的父母还是抱怨不断,这是为什么?

27

什么东西从很高的地方掉下来砸在人的头上,却没有人受伤?

28

跑步比赛的时候,你超过了第二名,你现在是第几名?

29

亮亮说他会在太阳和月亮永远在一起的时候去旅行。他什么时候能去旅行?

30

什么河里没有一滴水?

31

蓝色的笔怎么写出红色的字?

你

32

什么时候 14 会等于 2?

14 = 2

33

在罗马数字中，0 应该怎么写？

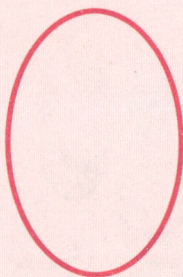

34

一个人在沙滩上行走，为什么回头看不见自己的脚印？

35

牙医靠什么吃饭？

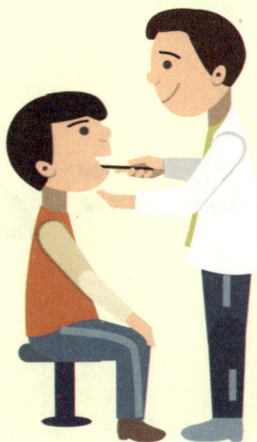

36

亮亮不小心将戒指掉进了面前的咖啡杯，为什么戒指没有湿？

37

什么东西肥得快，瘦得更快？

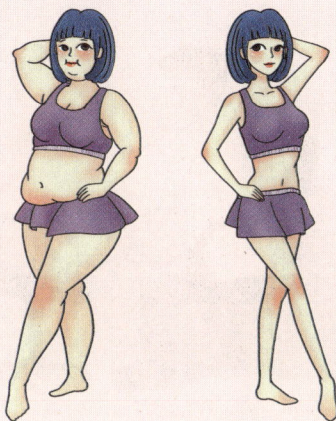

38

大家都经常去的地方是哪里？

39

什么花不能摸？

40

一头公牛加一头母牛，猜三个字。

41

3 + 1 什么时候等于 5？

3+1 = 5

42

谁天天去看病？

43

网什么时候可以提水？

44

把大象放进冰箱需要几个步骤？

45

怎样才能让麻雀安静下来？

46

巧克力和西红柿打架，结果巧克力赢了，为什么？

47

什么东西人们都不喜欢吃？

48

一只小白猫掉进了河里，一只小黑猫把它救了上来。请问小白猫上岸后说的第一句话是什么？

49

青蛙和兔子一起参加游泳比赛，青蛙游得比兔子快，可为什么最后是兔子赢了？

50

什么东西最容易不翼而飞？

51

是太阳叫公鸡起床，还是公鸡叫太阳起床？

52

放一支铅笔在地上，要使任何人都无法跨过，该怎么做？

53

汽车向右转弯时，哪一个轮胎不会转？

54

什么东西明明是你的，别人却用得比你多得多？

55

什么汤最"鲜"？

56

男生和女生有什么共同点？

57

睡美人最怕什么？

58

小刘是一个很好的电工师傅，可他今天修好的灯却不亮，为什么？

59

什么东西没有价值但大家又很喜欢？

60

小红帽从大野狼面前走过，大野狼为什么没有发现小红帽？

61

外星人来到地球说的第一句话是什么话?

62

乐乐带了 100 元去买一件 75 元的衬衫，但老板只找了 5 元给她，为什么?

63

什么东西说"父亲"时不会相碰，说"爸爸"时却会碰到两次?

64

阿超行走的时候，左右脚有什么不同?

65

街上那么多人都是从哪儿来的?

66

什么东西越大越没有用?

67

什么袋每个人都有,却不能借给别人?

68

什么时候四减一会等于五?

$$4-1=5$$

69

小邮筒为什么不能寄信?

70

闭着眼睛也看得见的是什么?

71

亮亮上次过生日是七岁,下次过生日是九岁,这是怎么回事?

72

桌上有两根蜡烛,吹灭一根,还剩几根?

73

三个小孩子正在猜拳，一个出剪刀，两个出布。请问三个小孩子的手指共有几根?

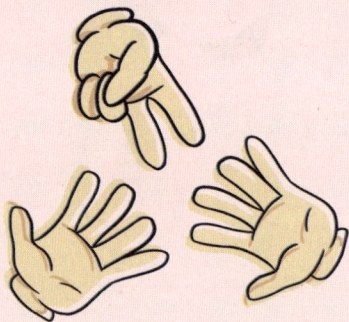

74

牛顿在苹果树下被苹果击中，发现了地心引力。如果你也坐在苹果树下，被苹果打中，你会发现什么?

75

不用手，怎样才能把碗里的面吃完?

76

有一个问题，不论问谁，回答的人都说"没有"，请问是什么问题?

参考答案

第一章　趣味大联盟

1　睡觉。

2　因为小美是条狗。

3　大熊猫，因为它每天都有黑眼圈。

4　去掉"冰"字的两点水。

5　他们都已经去世了。

6　因为这个人是个外国人，他到的国家就是中国。

7　亲戚关系。

8　戴眼镜。

9　不能继续往上爬。

10　闭上左眼的时候。

11　是苦海，因为"苦海无边"。

12　因为走着去太慢。

13　请问现在几点了？

14　乌龟（规）。

15　小老虎。

16　羊身上。

17　因为小明遇到的是胆小鬼。

18　到医院去检查一下是否有病。

19　写"个"字的时候。

20　兔崽子。

21　生了一堆毛毛虫。

22　牢房。

23　孔子的"子"在左边，孟子的"子"在上边。

24　因为小兰是倒着走的。

25　斑马线。

26　活着。

27　绝代佳人。

28　因为星星会"闪"。

29　闭嘴。

30　偷笑。

31　借过。

32　"月"字。

33 保重。

34 在餐盘里时。

35 看你有没有胆量。

36 同年同月同日结婚。

37 惨叫声。

38 独木桥。

39 灰姑娘。

40 两张都捡起来。

41 从睡梦中醒来。

42 改天再告诉你。

43 蛀书的虫。

44 头比较疼。

45 曹操，因为"说曹操，曹操到"。

46 咬在别人身上。

47 变湿了。

48 会被偷走。

49 布怕一万，纸怕万一。因为"不（布）怕一万，只（纸）怕万一"。

50 — 闭上眼，因为"眼不见为净"。

51 — 最怕有一屁股债。

52 — 树和马，因为"数码（树马）相机（像鸡）"。

53 — 蜈蚣，因为"无功（蜈蚣）不受禄"。

54 — 先点燃火柴。

55 — 因为另一只脚捏着鼻子。

56 — 蚊子。

57 — 因为当时他不急着用钱。

58 — 九头，因为九牛一毛。

59 — 伤脑筋。

60 — 笨蛋。

61 — 上厕所的时候。

62 — 因为老师说过不能一心二用。

63 — 嫦娥。

64 — 2 最勤快，1 最懒，因为"一不做二不休"。

65 — 再买 1 根。

66 — 因为他想梳中分。

67 因为他想到要挖那么大的一个坑埋大象会很累。

68 胆，因为"胆大包天"。

69 生"日"快乐。

70 腿长的话，生下的蛋会被摔破。

71 司机。

72 因为她是趴在英语课本上睡觉。

73 因为他不想摸黑回家。

74 是"平"。

75 因为树不会跳。

76 4支，因为没有被风吹灭的蜡烛都燃烧完了。

77 几秒钟，因为读完"清华大学"四个字只需要几秒钟。

78 一只也没有了，因为其余的都逃跑了。

79 你几岁司令就几岁。

80 量体裁衣时。

81 倒着开车。

82 因为列车没有开动。

83 姓善，因为《三字经》里说："人之初，性（姓）本善。"

84　天知道。

85　晾衣架。

86　$\frac{9}{9} + 99 = 100$。

87　因为他写了三个字——一首歌。

88　因为 175 页和 176 页在一张纸上。

89　贵州。

90　刀山。

91　因为每天工作 8 小时，3 天正好 24 小时。

92　胶卷。

93　因为他的生日是 2 月 29 日。

94　太。

95　还是 10 分钟。

96　因为"群"字中有一个"羊"字。

97　钥匙。

98　蜂房。

99　滥竽充数。

100　汗。

第二章　知识的海洋

1　宰相，因为"宰相肚里能撑船"。

2　因为放进去的是一只企鹅。

3　两块都不吃，因为山羊不吃肉。

4　阿斗，因为"扶（浮）不起的阿斗"。

5　温度。

6　阿拉伯数字6。

7　棺材。

8　水。

9　握手。（答案不唯一）

10　在起跑前打响的发令枪。

11　因为吃不到，北极熊在北极，而企鹅在南极。

12　看家。

13　假牙。

14　沉默。

15　等变成蝴蝶后再飞过去。

16　空气。

17　因为是一头水牛和一头独角犀牛。

18　碘酒。

19　往船上加几样重东西，把船压下去一些。

20　人倒是有很多个，但是没有"半"个的人。

21　在前面加上字母"S"，变成"SIX"，即"6"。6是偶数。

22　因为老张是牙科医生。

23　平行线，因为平行线没有相交（香蕉）。

24　菠萝（波罗的海）。

25　踩到钉子的时候，因为钉子会先穿透鞋，再穿透袜子。

26　用笔写字。

27　因为踢进去的是气球。

28　拔河比赛。

29　没有，妈妈小时候还没有我呢。

30　奖杯。

31　棋盘。

32　打破纪录。

33 罗马，因为"条条大路通罗马"。

34 因为小强站在过街天桥上。

35 魔术表演。

36 拿主意。

37 牌。（答案不唯一）

38 闭上眼睛。

39 耳光。

40 围棋的棋子越下越多，象棋的棋子越下越少。

41 冰块。

42 由"火"和"丁"组成。

43 能，当水结冰后走过去。

44 能，先在两个袋子里各放两个橘子，再将这两个袋子都放进第三个袋子里。

45 圣诞老人。

46 C 比较高，因为"AB（比）CD（低）"。

47 电报。

48 因为警察是个女人。

49 婴儿没有牙齿。

50　报纸上的年、月、日。

51　西，因为其他几个字中分别有一、二、三、五，"西"中有"四"。

52　瀑布。

53　阿拉伯数字。

54　风车。

55　母蚊子咬的，因为公蚊子不咬人。

56　宠物医院。

57　心，因为"心比天高"。

58　黑板。

59　因为我不是明明。

60　黑鸡厉害。因为黑鸡会下白蛋，白鸡不会下黑蛋。

61　考试得的零蛋。

62　用两个硬币把两只眼睛遮住。

63　睡觉。

64　因为热胀冷缩。

65　因为那是儿童玩具。

66　时光。

67 — 因为他昏过去了。

68 — 下象棋的时候。

69 — 狼狗身上不出汗。

70 — 因为她嫁给了青蛙王子。

71 — 声音。（答案不唯一）

72 — 2棵。

73 — 动物园园长。

74 — 一闪一闪亮晶晶（简谱）。

75 — 电路。

76 — 水。

77 — 报纸。

78 — 将其中一个加号加上一撇即可，545＋5＝550。

79 — 当铺。

80 — 因为它在地图上爬。

81 — 一个也不能，因为果园里没有玉米。

82 — 泥人。

83 — 角度。

84	他在瞄准敌人。
85	产房。
86	因为离子（梨子）烫（一种烫发方式）。
87	猪、母狼、马蜂（珠穆朗玛峰）。
88	两边，里边和外边。
89	吃"堑"，因为"吃一堑，长一智"。
90	电话。
91	木鱼。
92	铁锤当然不会破了。
93	一个很小的东西。比如一个鸡蛋，100 个男人不可能同时举起一个小小的鸡蛋。
94	生肖。
95	薪水。
96	稀饭贵，因为物以稀为贵。
97	加一点，使其变成 7.8。
98	浪花，雪花，烟花。
99	在医院。
100	拉链。

第三章 智力大考验

1. 电需要花钱买，而闪电不需要花钱买。

2. 先做错事情。

3. 萧，因为削（萧）铅笔。

4. 运送煤气的人。

5. 因为他们不在同一个班。

6. 忘记锁门就好了。

7. 因为隔着玻璃。

8. 脸红的斑马。

9. "孬"字。

10. 搞发明。

11. 只有三个人参加的比赛。

12. 圣旨（纸）。

13. 因为他从入口处逃走了。

14. 假装睡着的人。

15. 因为小兰在睡觉。

16	每个人都只有一只左手。
17	一人加三人是"众人"。
18	因为小明是坐飞机路过的。
19	因为他躺在了自己的假牙上。
20	因为小红和小芳都是监考老师。
21	明天。
22	因为这个门是往外推的。
23	一个，因为吃完一个鸡蛋就不是空腹了。
24	二月。
25	上夜班的人。
26	是九个。
27	一亿，因为"一心一意（亿）"。
28	"这就是懒惰。"
29	因为老王有恐高症。
30	因为他们都交了白卷。
31	为了念更多的书。
32	螺丝帽。（答案不唯一）

33	长了三个头的牛是非常罕见的，所以可以卖个好价钱。
34	因为洞太大，产生了回声。
35	因为小明跑热了，出了满头的汗。
36	眼睫毛。
37	酒精。
38	该修理时钟了。
39	叫"救命啊"。
40	跷跷板。
41	哑铃。
42	这两个字的笔画数都是10。
43	因为面条断了，他摔死了。
44	登上月球的时候。
45	镜子中的你。
46	看管犯人的狱警。
47	6个子女，女儿最小。
48	做梦。
49	手套。

50 是"与"字。

51 雪人。

52 六次，因为每次得回来一个划船的。

53 不怕晒黑。

54 "木"字旁的右边是"不"字，就表示不是木头做的。

55 因为烟鬼甲比烟鬼乙死得早。

56 壶嘴。

57 烟花。

58 因为会引起海啸（笑）。

59 戴假牙的人。

60 因为他开过了。

61 天上，因为"黄河之水天上来"。

62 穿针的时候。

63 能模仿人说话的鸟，比如鹦鹉。

64 《辞海》。

65 海豹（报）。

66 因为两匹马拉的方向相反。

67　先关门比较好。

68　因为那天是泡面保质期的最后一天。

69　扫帚。（答案不唯一）

70　这四个字的右边不同。

71　姓吴，因为无事（吴氏）生非（飞）。

72　能，冻豆腐就可以。

73　0。

74　年龄。

75　因为老王是交警。

76　眼球。

77　魔术师。

78　悄悄话。

79　看球赛的人。

80　因为他走的是高速公路。

81　因为第二天考的不是英语。

82　麋鹿（迷路）。

83　脑门。

84 当然可以，0：0。

85 变形金刚的设计者。

86 因为小王在照片里。

87 人本来就只有一只左眼。

88 因为她住的是地下室。

89 扇子。

90 没有字母，"英语"两个字是中文。

91 黑猫，因为黑猫警长（紧张）。

92 因为卡车司机当时没开车。

93 因为这不是苹果树。

94 因为红豆和绿豆都只有一颗。

95 当然林黛玉（零待遇）啦！

96 芭蕾舞演员。

97 别争（蒸）了。

98 剪自己的手指甲。

99 吃甘蔗（或吃鱼等，答案不止一种）。

100 自己的右手。

第四章　思维大跳跃

1　一个破洞。

2　秘书。

3　因为他写了个"错"字。

4　冠军。

5　两对父子指的是爷爷、爸爸、儿子。

6　在黑暗中。

7　因为站着看腿会酸。

8　爱吹牛的人。

9　只是想，不用花钱。

10　遗书。

11　100，因为"百依百顺"。

12　画眉鸟。

13　因为那个人是跳水运动员。

14　因为警察要打车。

15　大熊猫。

16	眼镜蛇比较长，因为它有三个字。
17	因为有个小朋友是连盆子一起拿走的。
18	大连。
19	不会停，会一直沉下去。
20	一只鞋不卖。
21	谜底。
22	喜剧没人看，就成了悲剧。
23	因为缩着两条腿会摔倒。
24	一只手拿鸡蛋，另一只手扔石头，鸡蛋当然不会破。
25	走的那个人名字叫"全部"。
26	脸蛋。
27	因为车上有空座位。
28	公鸡根本就不会下蛋。
29	明天的明天。
30	小白兔（two）。
31	七个小矮人和白雪公主。
32	因为飞机还没有起飞，机翼就断了。

33 玉米。

34 床上。

35 因为和他交谈的法国人会说中文。

36 蚊子。

37 爆竹。

38 不知道的知识就会越少。

39 新郎官。

40 把另一只脚也踏上去。

41 小兰比较痛苦。

42 因为袋鼠双腿起跳犯规，被罚下了场。

43 没有头发的人。

44 因为没有一个人在屋子里。（答案不唯一）

45 因为小刚没有参加比赛。

46 用力拖地拖得最干净。

47 没有证婚人。

48 这个世界会多一个人。

49 油表指针。

50	因为飞飞是监考老师。
51	在"火"字上面加一横。
52	因为小陈是男的。
53	因为他是个光头。
54	枪林弹雨。
55	下象棋的时候。
56	绿豆沙（鲨）。
57	因为是消防站着火了。
58	因为他用的是法语字典。
59	闭着眼睛睡。
60	因为司机在倒车。
61	闪电。
62	一样重。
63	人山人海。
64	他抢了行凶者的武器。
65	从。第一句话，"从"前有只鸡，鸡的后面当然是"从"了。
66	因为太阳睡得比人早。

67　田鸡。

68　月亮一直都不发光。

69　因为没有人敢去劝架。

70　见到猫的老鼠。

71　要逃命。

72　因为小明没在屋子里。

73　流星。

74　因为它跑去追老鼠。

75　因为蘑菇长得像伞。

76　理发师。

77　此船是潜艇。

78　倒立。

79　缅（免）甸（电）人。

80　小象。

81　米老鼠。

82　阳光。

83　他们是多胞胎中的两个。

84	睁开眼睛。
85	儿子。
86	因为她洗的是别人的衣服。
87	保持呼吸，不要断气。
88	纸，因为直升机（纸生鸡）。
89	槟榔（冰狼）。
90	堵车。
91	因为小强是个拳击手，正在和别人比赛。
92	地球。
93	因为茶叶蛋还没有煮好。
94	三角函数（寒树）。
95	瓜。
96	那是袜口。
97	她是新娘。
98	冰淇淋（冰麒麟）。
99	看不见（剑）。
100	"我材"和"水起"，因为"天生我材""风生水起"。

第五章　脑力大挑战

1　公安机关。

2　因为阿丁是泥瓦工。

3　是鸽子的。

4　不知道。

5　冲（先把"只"字顺时针旋转 90°）。

6　宇宙飞船。

7　因为爸爸丢掉了坏习惯。

8　地球的影子，就是每天的晚上。

9　因为是晚上。

10　石榴（十六）。

11　因为它们不熟。

12　热狗。

13　电脑。

14　茉莉花。因为"好一朵美丽（没力）的茉莉花"。

15　花。因为花生米。

16 恐高症。

17 因为他住一楼。

18 胡萝卜。

19 窗户。

20 试电笔。（答案不唯一）

21 打瞌睡。

22 古董。

23 船。

24 最不喜欢的那件衣服。

25 情义。因为情义无价。

26 因为他凌晨回家。

27 雨。

28 第二名。

29 明天。因为日＋月＝明。

30 银河。

31 写下"红色的字"四个字。

32 下午两点的时候。

33 罗马数字中没有 0。

34 因为他是倒着走的。

35 靠嘴吃饭。

36 因为咖啡杯里还没泡咖啡。

37 气球。

38 厕所。

39 火花。

40 两头牛。

41 算错的时候。

42 医生。

43 当水变成冰时。

44 三个。1，打开冰箱；2，把大象放进去；3，关上冰箱。

45 压它一下。因为"鸦（压）雀无声"。

46 因为巧克力棒。

47 亏。

48 喵。

49 因为比赛规定不能用蛙泳，青蛙犯规了。

50	人造卫星。
51	公鸡叫太阳起床。因为太阳不会叫。
52	放在墙边。
53	备用轮胎。
54	你的名字。
55	鱼肉和羊肉一起煮的汤（鱼＋羊＝鲜）。
56	都是人。
57	失眠。
58	因为今天停电。
59	无价之宝。
60	因为小红帽今天没戴帽子。
61	外星话。
62	因为乐乐只付了 80 元。
63	嘴唇。
64	一前一后。
65	各自家里。
66	破洞。

67 脑袋。

68 有四个角的东西切去一个角。

69 因为"难以置信"。

70 梦。

71 因为今天是他八岁生日。

72 还剩两根。

73 三十根。

74 发现头上有一个大包。

75 用筷子。

76 你睡了吗？